Daniel Boone
Dentro del bosque

Jennifer Kroll

Asesor

Glenn Manns, M.A.
Coordinador del programa de enseñanza de Historia de los Estados Unidos en la Cooperativa Educativa de Ohio Valley

Créditos

Dona Herweck Rice, *Gerente de redacción*; Lee Aucoin, *Directora creativa*; Conni Medina, M.A.Ed., *Editorial Director*; Katie Das, *Editora asociada*; Neri Garcia, *Diseñador principal*; Stephanie Reid, *Investigadora fotográfica*; Rachelle Cracchiolo, M.S.Ed., *Editora comercial*

Créditos fotográficos

portada The Granger Collection; p.1 The Granger Collection; p.4 Biblioteca del Congreso de los Estados Unidos, LC-USZ62-101385; p.5 (superior) Sociedad Histórica Estatal de Missouri, (inferior) Jupiterimages/Getty Images; p.6 Biblioteca del Congreso de los Estados Unidos, LC-DIG-pga-02659; p.7 The Granger Collection; p.8 Jim Parkin/Shutterstock; p.9 Stock Montage/Getty Images; p.10 The Granger Collection; p.11 (superior) Alicia Dearmin/Dreamstime, (inferior) Russell Shively/Shutterstock; p.12 Picture History/Newscom;p.13 (superior) North Wind Picture Archives, (inferior) Sociedad Histórica de Virginia; p.14 The Granger Collection; p.15 The Granger Collection; p.16 Biblioteca del Congreso de los Estados Unidos; p.17 The Granger Collection; p.18 Don Bendickson/Shuttertock; p.19 North Wind Picture Archives; p.20 Keith R. Neely; p.21 Biblioteca del Congreso de los Estados Unidos, LC-USZ62-1431; p.22 Sociedad Histórica Estatal de Missouri; p.23 North Wind Picture Archives; p.24-25 Sociedad Histórica Estatal de Missouri; p.26 Sharon Day/Shutterstock; p.27 North Wind Picture Archives; p.28 (izquierda) Biblioteca del Congreso de los Estados Unidos, LC-DIG-pga-02659, (derecha) Picture History/Newscom; p.29 (izquierda) The Granger Collection, (derecha) Sociedad Histórica Estatal de Missouri; p.32 (superior) tonobalaguerf/Melinda Fawver/Shutterstock, (inferior) Alexey Stiop/Shutterstock

Teacher Created Materials

5301 Oceanus Drive
Huntington Beach, CA 92649-1030
http://www.tcmpub.com
ISBN 978-1-4333-2583-0
©2011 Teacher Created Materials, Inc.
Printed in Thailand

Tabla de contenido

El leñador

Daniel Boone nació en 1734 en Pennsylvania. A Daniel le encantaba estar al aire libre. Le gustaba **cazar** animales en el bosque.

Daniel vivió aquí durante su infancia.

Daniel cazaba en su juventud.

Dato curioso

A Daniel Boone no le gustaban los gorros de mapache. Pero mucha gente piensa que sí le gustaban.

Daniel creció. Se casó con Rebecca Bryan. Vivieron en Virginia. Daniel y Rebecca tuvieron 10 hijos. Daniel cazaba animales para ganar dinero.

Rebecca con su hijo dormido

Daniel en una cacería

Los Boone vivían cerca de las montañas. Pocos **colonos** habían cruzado las montañas para llegar a Kentucky. Era la zona de caza de los indios Shawnee. Los Shawnee cazaban búfalos allí. Daniel cruzaba a través de una **abertura** en la montaña.

Dato curioso

Kentucky es una palabra Shawnee. Significa "lugar de campos".

Daniel en Kentucky

Daniel y algunos amigos cazaban en Kentucky. ¡A Daniel le encantaba este lugar agreste! Pero los indios Shawnee atraparon a los cazadores. Les quitaron las pieles de animales y las provisiones que llevaban. Las pieles valían dinero.

Daniel y sus amigos en Kentucky

pieles de animales

monedas
antiguas

Un camino a seguir

Daniel regresó a casa con las manos vacías. Pero ansiaba regresar a Kentucky. Pronto, él lo hizo. Fue contratado para hacer un camino a Kentucky. Otros le ayudaron.

Daniel y otras personas abren un camino en **tierras vírgenes**.

Dato curioso

El "Wilderness Road" de Daniel Boone era tan sólo un sendero.

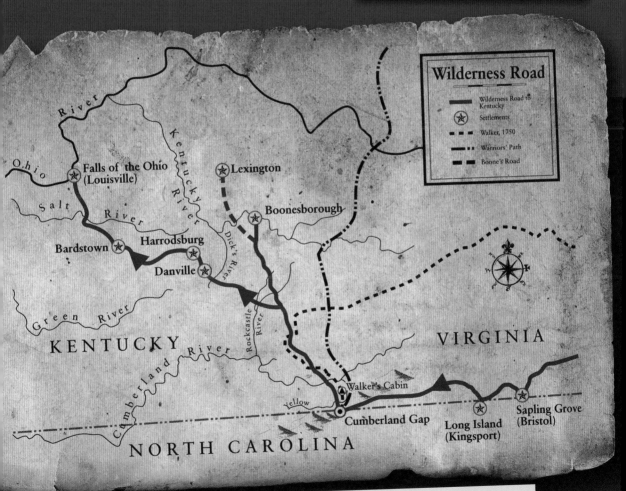

Este mapa muestra el sendero que Daniel abrió.

Los Boone y otras familias recorrieron el sendero. Se llamaba Wilderness Road. En Kentucky, construyeron casas y un **fuerte**. Le dieron el nombre Boonesborough a este nuevo lugar.

Daniel guía a un grupo de colonos a través del Wilderness Road.

Fuerte Boonesborough

Problemas en Kentucky

La vida en Kentucky era difícil. Un día, Jemima, la hija de Daniel, estaba en un bote con unas amigas. Unos **valientes** guerreros Shawnee detuvieron el bote. Se llevaron a las niñas a su campamento.

Dato curioso

Los Shawnee vivían en chozas llamadas **wigwams**. Las wigwams estaban hechas de madera y corteza de árbol.

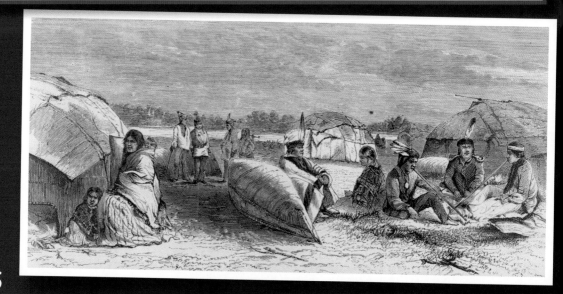

Los Shawnee capturaron a Jemima y sus amigas.

Las niñas no podían escapar. Pero eran inteligentes. Hacían mucho ruido y al caminar dejaban las huellas. Daniel y otras personas **rastrearon** a las niñas durante dos días.

Las huellas marcadas en el lodo ayudaron a Daniel a seguir el rastro de su hija.

El jefe Shawnee Tecumseh

Jemima dijo que su padre iría a buscarla. Tenía razón. Daniel encontró el campamento Shawnee. Llegó arrastrándose entre la maleza. Se llevó a las niñas a salvo.

Dato curioso

Jemima dijo que los Shawnee la trataron bien.

Daniel entre la maleza

Daniel salva a Jemima

Más adelante, los Shawnee capturaron a Daniel. Él tenía que demostrarles que era su amigo. Aceptó unirse a la tribu. Vivió con ellos durante cuatro meses. Luego huyó.

Los Shawnee pintan el rostro de Daniel

Los Shawnee se preparan para la guerra.

Hacia el Oeste

En 1799, Daniel y Rebecca volvieron a mudarse hacia el Oeste. Esta vez, fueron a Missouri. Vivieron allí durante muchos años. Desde allí, Daniel hacía viajes cada vez más al Oeste.

La ruta por la que Daniel viajó hacia el Oeste.

Dato curioso

¡Daniel caminó tan lejos como para llegar a Florida y Colorado!

Daniel quería verlo todo. Llegó hasta las Montañas Rocosas. Daniel se sentía cómodo en los lugares agrestes. Tuvo una vida larga y llena de experiencias. Su aventura llegó a su fin cuando murió en 1820.

Las Montañas Rocosas

Daniel Boone

1734

Daniel Boone
nace en
Pennsylvania.

1756

Daniel se
casa con
Rebecca
Bryan.

1775

Daniel ayuda
a abrir el
sendero
Wilderness
Road hacia
Kentucky.

tiempo

MISSOURI

1776

Los valientes guerreros Shawnee capturan a Jemima Boone y sus amigas.

1799

Los Boone se mudan a Missouri.

1820

Daniel muere a los 85 años.

Glosario

abertura—espacio entre dos cosas o dos partes de una cosa

cazar—atrapar un animal

colonos—personas que van a vivir a un lugar nuevo

fuerte—construcción robusta que usan los soldados para proteger un lugar importante

rastrearon—encontraron a alguien al buscar o seguir pistas

tierras vírgenes—grandes extensiones de tierra que no se han alterado por las personas

valientes—personas que no tienen miedo

wigwam—choza de los aborígenes estadounidenses hecha con corteza de árbol y ramas delgadas

Índice

Estadounidenses de hoy

Esta familia cruza el paso de Cumberland. Éste es el lugar donde Daniel Boone abrió el sendero Wilderness Road. Hace mucho tiempo, él recorrió estos mismos bosques.